낮은 음자리로

김재란 시집

신아출판사

| 자서 |

점점 혼자 있는 시간이 많아졌습니다.
지난 세월이 아쉽고 쓸쓸하기도 하지만 돌아보면 시와 함께했던 20년 시절들이 내 생에 가장 빛나고 행복했던 삶의 외출이었던 것 같습니다.
당겨진 활처럼 긴장되고 여유 없는 생활 속에서 8년만에 2시집을 출간하게 되었습니다.
지인들에게 시원한 나무 그늘이 되고 향기나는 여인이 되고자 했으나 그리운 것은 그리운 대로, 외로우면 외로운 대로 그냥 놔 두기로 했습니다.
이제부터 그 중심을 관통해 걸어 가 볼까 합니다.
행복의 꽃다발을 한 다발씩 안겨 주는
동준, 채연, 주혁, 현우
먼 훗날 어린시절 사랑했던 할머니를 기억해 줄 수 있는 시집이 되었으면 합니다.
adios amigo!

2012년

새해 아침

차 례

자서

1부

빈 집 11
해바라기 12
미루나무 연가 14
하루 종일 16
옛집에서 2 18
마음이 길을 만든다 20
매화그늘 22
물의 노래 24
사막을 건너가다 26
풍향계 28
세상의 중심에서 사랑을 외치다 30
나목 32
꽃 무릇 34

2부

가맛골 풍경 39
빛바랜 시간 속에는 40
록키 마운틴에서 42
길 위의 편지 44
봄날은 간다 46
물의 상처 48
산수유 꽃처럼 50
배롱나무 아래에서 52
융릉가는길 54
푸른 문장 55
경계 56
불면의 소리 57
뭉크의 그림 앞에서 58

3부

홍매화 63
빗살무늬 토기 64
소리바다를 건너다 66
어머니의 발 68
숲의 그늘 70
잃어버린 시간 72
늘 푸른 요양병원 74
석양 76
상강 77
동반자 78
호랑가시나무 80
매미 82

4부

허공에 길을 묻다 85
봄 86
사랑의 존재2 88
길 위에서1 90
겨울바다 92
사랑의 존재3 94
증도에서 하루 96
단풍나무 숲을 지나가다 98
주소록 속에 잠긴 길 99
겨울소묘 100
물수제비 102

5부

오리떼의 경전 105
이별, 그 후…… 106
쓸쓸한 아름다움 108
대부도에서 110
상처는 그냥 상처가 아니다 112
여름나기 114
새의 선물 115
씻김 굿 116
길 위에서 2 118
직선의 시간들 120
목련일기 121
사랑의 존재 122

■ 작품해설

생명의 근원인 자연에 바치는 헌사 123
－호병탁(문학평론가)

1

빈 집

하루 종일 바람만 일 없이 들락거리는

마당의 잡초들 물끄러미 안쪽을 들여다보는

집 모퉁이 대추나무 까치발 들고 먼 길 내려다보는

하루해가 저 혼자 들렀다 떠나는

허리 꺾인 사립문 해종일 저 혼자 열었다 닫히는.

해바라기

오지 않는 너를 향해
내 생은 언제나 공회전이었다

희망과 절망이 교차하는 정오
햇덩어리 머리에 이고
먼 들판을 건너오고 있는 바람을
온몸으로 받는다

끝내 오지 않는 너를 기다리며
마음 복판에 한톨 한톨 꼭꼭 박아놓은
슬픔의 알갱이들이 여름의 절정에서
점점 완고해지고 있다

청명한 시절은 곧 지나갈 것이다
내 몸에 박힌 탄식들도 검게 여물어 갈 것이다
황금빛 저녁 그늘 아래서

희미해진 시간을 덧칠하고
더 이상 감추지 않아도 되는 은밀한
입 속의 탄식들 쏟아낼 것이다.

미루나무 연가

강 건너 마을은
언제나 따뜻한 불빛이었다
그 빛 따라 익어가던 어린잎의 꿈들이
작은 바람에도 흔들리면
미루나무 이파리 틈새로 댓잎 쓸리는 소리
가득했다

안개 자욱한 마을에
아침들이 한 겹씩 옷을 벗는 정오,
물비늘 기억들이 찰랑찰랑 건너오면
미루나무 잎 사이사이로 빛의 파편들이
허공의 길을 함성으로 채워 놓았다

그렇게 반짝이던 젊은 날의 초상을
석양의 붉은 침묵으로 튕겨내고
강 건너 마을 저녁연기를 하얗게 지우고

저 혼자 무수히 흔들렸다 일어서는
한그루 미루나무

아직도 흔들리는 마음, 강둑에
매어놓고 저 건너 따뜻했던 불빛을
그리워하고 있다.

하루 종일

7월의 태양을 삼킨 아스팔트가 고래고래 비명이다
라마다호텔 난간에서 하염없이
하이웨이 위 달리는 차들 바라보았다
그 너머 병풍 같은 울창한 숲도 바라보았다

하늘은 너무 푸르고 구름 한 점 없이 맑고 조용했다 그 하늘 길로 가끔씩 비행기 날아가고 꼬리 따라 하얀 샛길이 이어지다 사라졌다 혼자 떠돌다 지친 바람도 심심한지 그냥 지나갔다 마음 속 비워내고 비워 내느라 혼자 있는 것도 지루한줄 몰랐다

하루 종일 친구 없이 홀로 지냈다
하루 종일 아무 말도 하지 않았다

무심히 바라보던 풍경에 팽팽했던 시간들 뭉텅뭉텅 빠져나갔다

침묵의 웅덩이도 덩달아 비워져 가볍고 가볍다

빠져 나갈 것 다 빠져 나갔는지
라마다호텔 난간에서 나는
그냥 고요해졌다.

옛집에서 2

옛집의 기억은 삶의 그늘이다
수몰된 고향집처럼
그리운 사람들 오랫동안 비워둔 마당 안에 잠겨
눅눅한 청춘의 이파리들을 뒤적이고 있다

푸른 별들이 어둠을 연다
바라만 보기도 아득했던 그 많은 별들이
허공 뒤편까지 달려가 여전히 반짝이며
불면의 침묵을 걷어내고 있을까

옛집의 기둥에는 유년의 방점들이 고스란히 찍혀 있다
내 생의 음절들도
무채색의 낮은 음자리로
옛집 마당에 부드럽게 펼쳐 놓고 있다

사립문 열고 들어간다

옹기종기 모여 있던 햇빛들,
기억의 그늘을 밀어낸다

옛집은
지금,
적막의 이파리를 하얗게 말리고 있다.

마음이 길을 만든다

바람맞은 마음이
봄, 여름 내내 심히 앓았는데
10월 가을볕에 흠뻑 젖어서야
마지막 불꽃 지피고 있는 앞산 단풍진 잎 보았지요

왈칵,
눈물이 솟구쳤지요
책꽂이에 가지런히 꽂힌 오래된 시집처럼
죽을 둥 살 둥 껴안고 살아 온 날들이
내 삶의 함정이었던 것,

그 속에서 피고 지던
당신과 나

끝도 없을 것 같은 모래바람을
썰물처럼 그렇게 떠나보내고

앙다문 마음 또 아프냐 합니다

마음이 길을 만드는 것이므로
견딜만 하다고 생각하면 너무 슬퍼지는데

발자국 무수히 찍힌 산길을 내려와
아무렇지 않게, 정말 아무렇지 않게
적멸 속으로 걸어가네요.

매화그늘

고요를 양껏 품고 있던 매화나무들이
세상 소음도 반가운지 등뼈 세우고
봄의 발자국 소릴 퍼 올리려
귀를 쫑끗 세우고 있다

햇살을 물고 있던 벌레들도 나무 그늘을 찾아
더듬이를 길게 뻗는다
지금,
우주의 심장에는 생의 순환이 한창이다

헛된 희망만 품고 삶의 협곡을 헤쳐 온
내 생의 꼬리지느러미가 산 매화 향기에 취해
오늘,
환하게 흔들리는 아침 나절,

봄의 간지러운 무늬들이

통통 튀는 어린 햇살의 발목을 걷어차자
매화나무 가지에 숨기고 있던 웃음들이
가지마다 망울망울 터져 나오고 있다.

물의 노래

시간의 경계를 넘고 먼
어둠을 질러 길을 열어 놓은 물방울들,
그 노랫소릴 들어 보셨는지요
수천만 년 더께 낀 적막을 뜯어내면서 부른
물의 심장소리를

시간의 늑골 사이를 헤집고
칠흑 변방을 관통해 온 물방울들,
몸 군데군데 푸른 상처인 유화석 석순들이
환히 빛을 쏘고 있네요

한참 동안 울음 같기도 슬픔 같기도 한
물의 노랫소릴 듣고 있노라면
어두워서 자꾸 꺾이던 내 삶의 길바닥에도
잠깐씩 아주 잠깐씩 빛이 찾아오기도 했지요

먼 빛 향해 걸어 오던
어둠 속 樂想들이 발걸음 잠시
멈추고 지하궁전 환선굴 안에서
물방울들 다 불러 모아 세상의 길로 걸어 나가면
내일엔 능히 상처들 환해질까요

사막을 건너가다

그가 기별도 없이 마침내 사막으로 떠났으니

나도 오늘밤, 네바다 주 붉은 모래사막을 찾아 갈 것이니

가도 가도 보이지 않을 것 같은 길이니

먼 사원을 향해 걸어가는
피라미드 벽화 속 여인들처럼 씩씩하게
걸어가야 하는 것이니

그리고는

달구어진 땀방울들 모래위에 말리고
마침내 어깨에 멘 수통마저 저 붉은 수평선을 향해
힘껏 던지고는

뜨거운 모래바람을 털어내야 하는 것이니

너무 뜨거워서 품을 수 없는
신기루의 문을 닫아야 하는 것이니

그가 밟은 모래 발자국에 내 발자국 얹혀
나도 묵묵히 사막을 건너가야 하는 것이니.

풍향계

지금 걷고 있는 이 길이
한적해진 마음 끝에 가 닿지 않을까 하여
들꽃 만발한 오월도 조용히 보내고
아무도 모르게
누구도 눈치 채지 않게
흔들리는 발걸음 다독이며 걸어가고 있습니다

오늘도 산길 오르다
아카시아나무 아래 앉아
나를 지나가고 있는 바람의 속도를 읽습니다
폭풍에도 꺾이지 않고
비바람에도 끄떡없던
오만했던 날들이 시나브로 불어오던 바람에
그만 방향을 잃고 말았습니다

그러나 아시는지요

슬픔을 마음껏 풀어 놓을 수 있었던 곳
아리게 떠오르던 이름 하나,
환하게 펼쳐 놓을 수 있었던 곳
그곳이 그대가 풍차를 돌리던 곳임을

저녁노을로 우리가 물들이고 싶었던 그 곳에
바람의 속도는 지금, 시속 몇 킬로입니까.

세상의 중심에서 사랑을 외치다

선암사 와불처럼 내 마음
성역 안에 꿈쩍 않고 앉아
한 뜸 한 뜸 문신처럼
주홍글씨를 새겨 넣고 있는 그대를 보네

꽃 피고 지던 날들이
생의 그늘 만들어 팔 천 사 백 만 년
빛나는 훈장처럼
밤 하늘 별처럼
환한 길 아니었어도
사막같은 시간들이 내 삶을 끌고 왔네

가벼운 것도 오래 들고 있으면
무거워지는지 가슴에 박힌 문장들
완고한 세상 중심에 풀어 놓고
외치고 싶었어

깊이 젖은 원죄 햇빛 좋은 날
뽀송뽀송 말리고 싶었어
붉은 깃발처럼 펄럭이게 하고 싶었어

어느새 귀밑머리 하얗게 흘러
선명하게 새겨진
주홍글씨가
가을볕에 빛나고 있네.

나목

몸에서
뻗어나간 무수한
실핏줄들이 가지마다 화두 하나
얹어 놓고 그 사이로 겨울 하늘이 누워
뭉쳤다 흩어지며 다시 모여 흐르는 구름을
무심히 바라 보고 있다 그 곁으로 빼곡이 쌓여있는
시간들이 빠져 나갔다

모든 것들이
나를 중심으로
빠르게 스쳐가는 동안에도
너와의 거리는 아득하여 여름 폭염 속
온 몸 쏟아 붓은 한 세월도 있었으나 깊은 침묵의
너는 아직도 나의 아픔이다

너를 흔들고

지나간 오만한 바람 한 점도
제 멋대로 흘린 눈물자국도 더 이상
너를 기억하지 않는다

뒤틀리며
지나간 바람들이
하루치의 햇빛을 끌어당겨
허공의 고요를 녹이고 있다.

꽃 무릇

소식 끊고 찾아온 가을이다

침묵 깊은 뒷모습 선명하다

잠시 잊혀졌다 다시 찾아온
푸른 잎의 고단한 발자국들이
붉은 시간 위에 눕는다

기다리느라 힘겨웠겠다
저 꽃잎,

바람 불어
쓰러졌다 일어서면서도
봄 여름 내내 저 허망한
기다림의 대궁 위에
적막 하나 올려 놓았다

한잔 가득 마신 이 적막함은
초록의 빛을 통과해
단숨에 가 닿아야 하는 붉은
시간들의 끝인 것을.

2

가맛골 풍경

가맛골 용추사 비 그친 마당
꺾인 잡풀사이 한 송이 고운 꽃
왜 거기 피었는지 이름 몰라 더 적적한데

깊은 계곡 막장의 산은
저만 혼자 붉어지다 붉어지다 그만,
슬퍼지다 슬퍼지다 그만,
잡았던 단풍자루 몽땅 풀어놓고

비 개인 가을 한나절
마지막 부싯돌 긋는
햇빛 몇 조각.

빛바랜 시간 속에는

마른 담쟁이 넌출이 걸쳐있는
벽돌 집 담장 곁을 지나가다
걸음을 멈춥니다

한겨울 빛바랜 시간들이
지나 온 내 발자국 밟고 가는 것 같아서
잠시 그 그루터기에 앉아
어루만져 주고 싶습니다

가끔씩 오래 된 집을 찾아가면
속도를 잃은 희망의 줄기들이 문지방
거미줄에 뒤엉켜 있고
펼쳐 보일 것이 너무 많았던
숭숭 뚫린 창호지 문틀 사이사이에도
먼지만 가득 쌓여 있습니다

떠나왔으나 차마 걷어내지 못한
담쟁이 넌출 같은
한 줌의 햇빛

사위는 햇살이
붉은 벽돌집 담쟁이 위에
잠시 머물다 갑니다

록키 마운틴에서

한라산 높이 덴버에서
2시간 더 올라가는 록키 국립공원은
산길 같지 않은 도로 양쪽 저 멀리
촘촘히 서있는 사스래나무들 사이로
가을 하늘이 참 맑고 곱다
올라갈수록 느껴지는 고산증세를 견디며
잠시 현실의 경계를 푼다

산 중턱 휴게실 산소 방에서
눈 덮인 록키 정상 저 멀리
푸른 하늘을 바라본다
멀리서 보면 더욱 아름답고 빛나는 것도 있다

손에 쥔 모래가 소리 없이 빠져나가듯
내 삶에서 빠져나간 구름같은 희망들이
파노라마처럼 록키 하늘에 펼쳐진다

내게도 분명 고산병을 앓았을 때가 있었으리
길의 방향을 잃어 버거웠던 삶의 단편들을
하나하나 되짚어 보면서

멀리, 저 멀리
차마 가질 수 없었던
커다란 구름 한 점, 록키 정상에서 만난다.

길 위의 편지

사거리에서
푸른 신호를 기다리며
길 위에 편지를 씁니다

하루걸러 내리는 장마 비는
갈 길 몰라 하던 생각들 죄 모아놓고
땅 위에도
나뭇가지에도
허공에도
공평하게 수문 열어 놓고 있습니다

오래 전에 떠나 온 그곳에도
비가 옵니까
그리움이던 상처,
마른 향기만 남은 꽃 진 시간들
저 비가 흠뻑 적셔준다면

여름장마도 슬그머니 빠져 나갈까요

어느새 마음 턱 밑까지 빗물 가득차고
길 위에 띄운 젖은 편지도
두고 온 내 청춘의 꽃잎들도
잠시 흔들리며 떠오르다 빗물에
감겨 어디론가 흘러 갔습니다.

봄날은 간다

봄길을 가다 꽃향기에 채여
겹겹이 진물 흐르던 꽃잎 진자리,
아직도 푸르다

마음의 우듬지는 봄 그쪽을 향해
여전히 휘어 있고
생의 시퍼런 기억은 끈질겨서
미세한 파장에도 마음 밖까지
물결 일으킨다

여름과 가을의 물길 속으로
바람이 잠시 잠겼다가 떠나가고
별들도 제 몸 비벼 빛의
흔적 지우며 빠져 나갔다

가끔씩 마음을 질러

후미진 길모퉁이에 찾아오는
작은 파문도 스르르 떠오르다
이내 가지런해진다

봄날은 간다.

물의 상처
—수분리 가는날

금강 발원지를 찾아 가는 날
안개비가 내렸다
젖은 산길을 따라 올라 간
뜸붕샘*에는 미처 빠져 나가지 못한
물의 상처들이
금강에 달을 띄우려는
꿈을 간직한 채
수분리 숲에 모여 있었다

굵어지는 빗줄기를 피해 내려오면서
내 슬픔의 원천을 거슬러 오른다
진달래가 만발했던 백년산 골짝에서
길 아닌 길인 줄도 모르고
물 폭 건너뛰던 어린 물비늘들,

---

* 뜸붕샘 : 장수군 장수읍 수분리에 있는 금강과 섬진강발원지

강으로 스며들지 못한
물의 발자국들이 생의 굽이를 돌아와
괜찮다 괜찮다 다독이며
그믐달 하나,
눈물의 집에 조용히 띄워 놓았다.

산수유 꽃처럼

실컷 울어 봤으면 좋겠다는
중년의 세 여자가 비 오는 날,
마음의 등에 배낭 하나씩 짊어지고
산수유 꽃이 지천으로 널린 산동마을에 갔다

여자들이 허방한 웃음을 산수유 꽃처럼
망울망울 터뜨리고 있다

노오란 웃음을 온몸에 끼얹을 때마다
삐죽이 비집고 나오려는 한숨들이
눈 흘기며 산수유 꽃잎 속으로 숨어든다

세 여자의 허튼소리들이 차창을 넘어
허공의 담을 넘어 간다
산수유 꽃 비늘들도
덩달아 허공을 헤엄치고 있다

슬픔들도 이마를 노랗게 물들이며 따라 웃는다

비 오는 산동마을에서 세 여자는 등이 가벼워졌다.

배롱나무 아래에서

금산사 마당 한쪽 구석에서
수많은 꽃이 피고 지는 사이
저녁노을이 어느새
배롱나무 허리를 물들이고 있었습니다

시들지 않는 사랑처럼
내 곁에 머물고 있는 그 사람처럼
배롱나무도 제 몸을 하늘에 힘껏 밀어 올려
가지마다 분홍 꽃잎 촘촘히 펼쳐 보였습니다

석 달 열흘, 쉬임없이 불 지핀
배롱나무를 오늘,
바람이 툭 치고 지나가자
어김없이 찾아오는 속죄의 시간이
뭉텅뭉텅 꽃잎 떨구는 소리 들었습니다

그때, 배롱나무는 알았을까요
어두워지기 전에
제 몸을 다시 들어 올리면
식지 않을 것 같은 사랑처럼
떠나지 않을 것 같은 그 사람처럼
허공을 환하게 물들일 수 있을지.

융릉*가는길

며칠째 내리던 폭설이 잠시 주춤하던 날 창 밖 눈 쌓인 산천을 스치며 그대 슬픔을 찾아 갑니다 화성 서쪽 한 발 한 발 걸어가고 있는 길은 아버지에게 죽임을 당하던 그 날의 슬픔과 분노가 높이 솟은 적송들에 새겨져 아직도 푸르게 겨울바람을 후려치고 있습니다 죽음을 방목했던 사람들도 지금은 곁에서 상처를 어루만져 주고 있는지요 살아서도 쓸쓸했던 처소처럼 여기저기 쌓인 눈 위에 마른 기침같은 무상함만이 말없이 햇빛에 반짝이고 있습니다 활짝 펼쳐 보이지 못한 생애를 꺾어 버린 광기의 바람을 그곳에서 조용히 잠재우고 있는지요

지나가지 않는 것 아무 것도 없다는 듯 투명한 겨울하늘이 낮은 음자리표를 긋고 있습니다.

---

* 융릉 : 수원화성에 있는 사도세자의 묘

푸른 문장

소문 없이 스며들어
열꽃 피워대던 갈증

굽이마다
부풀어 오른 물집 속
내 것 되지 못한 물방울들이
몸 밖으로 빠져 나오려
겹겹 비가 내린다

봄 여름 지나
뼈마디 다 녹아
불구 된 자벌레 한 마리,
푸른 문장들 이끌고 기어간다.

경계

지상의 금을 밟고 날아 간
새 한 마리 높이높이 차 오른다

나아감과 물러섬의 사이에서
번진 슬픔들이 오를수록 가벼워져
허공을 밀어 올린다
그동안 내 살을 에이던
사랑도 안심이 된 듯 어둠 속,
빛을 따라 맨발로 걸어 나온다

멀리,
높이 날아 와
비로소 아득해지는
고통의 잔무늬들.

불면의 소리

먼 산 봄의 쑥국새 울음소리.

양철지붕을 뚜드리는 여름밤 장맛비소리.

소슬한 가을바람에 뒤란 댓잎 쏴 휘는 소리.

문 밖 서성이며 추위에 문고리 흔드는 겨울 바람소리.

바다 갈비 뼈 사이로 달빛문장 새겨 넣고 있는 파도소리.

한 밤중 잠들지 못하고 우주가 밤의 발자국 찍는 소리.

뭉크의 그림 앞에서
—봄

뭉크전*이 열리고 있는
게리빌라**에서 보았어
적막한 집안에 기진한 소녀가 흔들의자에 앉아
봄바람 몇 가닥이 창가 노오란 망사 커텐을
부풀리고 있는 것을 보고 있었어
절망이 젖은 속옷처럼 온 몸에 달라붙어
간절히 무엇을 기다리고 있는
너의 창백한 얼굴이 내 발걸음 붙잡았지
누구나 한번은 생의 봄날에
선명한 울음 한번 풀어놓고
흔들리는 물결 다독이며 흘러가느니
불어오는 부드러운 바람과 햇빛 한줌
소녀야, 안아 보렴

---

* 뭉크(1863-1944) : 노르웨이 화가
** 게리빌라(Getty villa) : 태평양 malibe beach 언덕에 지어진paul getty 개인저택의 미술박물관

지금 몰리브 해변으로 몰려오고 있는
봄의 옷자락 꽉 부여잡고 검은 옷으로 짠
절망을 힘껏 던져 보면 어떻겠니?

3

홍매화

지저기를 차고 계시는 어머니 엉덩이에
홍매화 몽실몽실 꽃 피고 있다
가려우신지 괴로워하는 어머니께
연고를 바르고 진 무른 매화를 입김으로 말린다
입안이 건초마냥 껄끄러워 마른 침을
삼키는 나를 물끄러미 바라보시더니
니가 꼭 우리 엄마 같다하신다 어릴 적
넘어져 흐르는 피를 닦아주며
나를 안고 호호 입김 불어주던 젊은 우리엄마
시간들이 소리 없이
어머니와 나의 자리를 바꾸어 놓았다

불쏘시게 같이 마른 엄마를 안는다
눈물 한 방울 툭, 떨어진다

빗살무늬 토기

신석기시대 유물관 한 쪽
팔천년 전 시간의 경로를 따라 온
빗살무늬 토기를 안고 있는 여인 하나 있다

가끔, 그곳에 가서 토기에 담겨 있는
여인의 울음소리 듣는다 나 어릴 적,
젊은 어머니가 숨 죽여 우는 울음소리 같아서
내 우울의 원천인 어머니 삶의 상형문자를
하나씩 지우고 돌아온다
어머니가 노인 요양병원에 누워 계신다
감정을 모두 방면시키고 토기의 미로를 헤메시는지
꼭 감은 눈 속에서 반짝이는 빗살무늬가
빛다발처럼 안겨온다
빗금 사이사이 바람과 불을 지피고
풍경조차 태워버리시던 어머니의 삶이
노인병원 침대 위에서 지금 말줄임표를 찍고 있다

어머니의 빗살무늬 토기가 맨발로 들어오던 날 오후
바람과 불을 비벼 넣은 불가마 속에서
나는 또 다른 내 빗살무늬토기를 구어내고 있다.

소리바다를 건너다

팔순을 넘긴 어머니를 모시고 병원을 찾았다
가을밤도 아닌데 귀뚜라미 한 마리가
허물어진 귓속에 들앉아 밤마다 울고 있다 하신다
한때 빛과 어둠을 이어주던 소리 바다는
밤의 고요를 다 잠재워놓고
맨발로 귀뚜라미 울음소리만 가득 채우고 있다

어머니의 옛집 외딴 날망집에는
소리란 소리 모두 방전시키고
맹렬한 적막뿐, 어머니는
몸이 허물어지고 있는 줄도 모르고
삶의 무늬가 얼룩져 있는
시간의 뻘밭을 지나 오셨다

날마다 열고 닫던 문 거쳐 갔을
빛과 어둠에 대한 기억조차 희미해진 어머니는

무너져 가는 것에 대한 목 잠긴 아픔보다
귀뚜라미 울음소리가 더 성가신가보다

이명의 바다일까, 어머니는 지금
소리바다를 건너가고 계신다.

어머니의 발

노인병원 어머니 침대 밑에
이곳에 오기 직전까지 신고 다니시던
찌부러진 어머니 신발이
삶의 여정을 놓아버린 노후한 발을
조용히 올려다보고 있다
양 손에 아이 하나씩 잡고
울퉁불퉁한 추운 길 홀로 걸어 왔던 발,
아니 어쩜 가 보고 싶었던 섬 하나 있었으나
뒤꿈치 꾹꾹 눌러 멈추어 버렸는지도 모를 발
바짝 마른 발에 낡은 신발을 신겨드린다
뿌리처럼 튀어 오른 검푸른 핏줄의
떨리는 발이 신발을 부드럽게 밀어주고
신발도 어머니의 발을 따뜻하게 감싸 안는다
박제처럼 누워있던 노인들이
일제히 어머니의 발에 시선을 꽂다 거두고
신발은 어머니의 발을 공손히 받쳐준다

어둑했던 병실이 잠시 환해졌다
침묵 속에 잠긴 허리 꺾인 신발이
침대 밑에 조용히 엎드려 눕는다
어머니도 편히 잠드신다.

숲의 그늘

색색의 완장을 찬
가을이 여름 땡볕을 밀어내고
나무와 잎으로 가득 채운
그늘 안으로 한 발 들어서니
숲 안쪽이 환하다

먼저 옷을 벗기 시작하는 서어나무 아래서
검불같이 말라서 부서질 것 같은
병상의 어머니를 생각한다

가을의 초입에서,
무거움에서 가벼움으로
나무들의 순환이 한창인데 어머니 생은
아직도 존재의 하중을 이기지 못하고
기우러 있다

한때는 나도 누군가에게 그늘이 되어 주고 싶었다
어머니 치마폭처럼 넉넉히 감싸 줄 햇빛
가득 채워 놓기도 전에
어김없이 찾아오던 우기와 한기의 날들

어머니의 몸이 참, 가볍다
온 몸으로 피워낸 사랑의 그늘을
걷어 올리면 어머니는 더 이상
밀물과 썰물소리 듣지 않아도 좋으리.

잃어버린 시간

병상의 어머니가
기억노트를 한 장씩 찢어내고 계신다

여자로의 삶은 아주 잠깐,
그녀 곁에 머물다 사라졌고
남매를 책임져야 했던 시간들은 쥐가
고구마를 갉아먹듯
어머니의 행복을 갉아먹고
남겨 놓은 건 병든 늙음뿐이었다

시도 때도 없이 밥은 먹었냐고 묻듯이
아직도 당신이 책임져야 할 일이 있는 것처럼
우리를 걱정 하신다

어머니의 시간들이 저물고 있다
다 차오르면 어둠보다 더 진한

적막이 뿌리내려 더 이상
연민에 시달리지 않아도 된다

슬픔도 오늘은 이쯤에서
마지막 향기를 품어내고 있다.

늘 푸른 요양병원

도시의 푸른 섬 하나가
파도를 풀어 놓고
뻘 속 같은 적막 저 건너
단단한 어둠의 껍질을 벗겨내고 있다

바람이 걸음을 끊은지 오래인 섬,
노인들의 앓은 소리가 삐걱거리며
노 젓는 소리 같아서
늘 푸른 바다는 슬픔을 허밍하고 있다

불이 켜졌다
노인들이 게슴치레 깨어난다
간병인이 훑고 지나 간 모래밭은
희미한 길마저 지워 졌는데 한 노인은
집으로 향한 길을 밤새 휘젓고 있다

저 건너
안마시술소와 러브모텔 네온의 꼬리지느러미가
밤새 파도타기 하던
밤물결 속으로 헤엄쳐 간다

파도가 돌아오지 않는 섬은
더 이상 늘 푸른 바다가 아니다.

석양

기쁨의 날들이,
슬픔의 날들이,
다 빠져나갔다

한때는
쓸모 있는 삶이었을
당신들이 물관 닫힌 나뭇가지 마르듯
더 이상 내 것 아닌 열망들을 내려놓고

그 짧은 터널을 빠져나와
소여물 씹듯
입 속의 묵언을 씹으며
시간을 말리고 있다

참,
당신들이,
너무 쉽게 저문다.

상강

먼 들판을 건너오고 있는 바람소리 들린다 떠나간 마지막 기차 바퀴소리 같기도 하고 싸락눈 내리던 밤, 길 떠난 아버지 발걸음 소리 같기도 하다 그 사이로 시간이 빠져나간 자리에 바람과 햇빛이 잠시 머물러 초록이 제 빛을 다해 소멸을 기다리고 있는 동안, 우리의 생도 한 바퀴 비행을 마치고 가쁜 숨 가다듬고 있다

한로와 입동 사이
숲의 혈관이 점점 투명해지면
잠깐 아주 잠깐,
지나간 내 쓸쓸한 숲의 기억을 그리워한다.

동반자

어쩌면 우린,
먼 별에서
금단의 배 띄워
거슬러 오르던 애틋한
오누이였을런지 몰라

어쩌면 우린,
그리움처럼 바람처럼 떠돌다
어느 외진 모롱이에서
구겨진 생의 주름 우레로 펴는
구름과 바람이었는지 몰라

어쩌면 우린,
긴 기다림에 진물 흘리던 화상
화석으로 남아
고단한 사랑 목 메이는

늦가을 은행나무였는지 몰라

어쩌면 우린,
몇 억겁을 지나오면서
서로가 서로에게 쌓아올린
지금은 허물어진 성벽의 돌쩌귀
젖은 이끼 같은 카르마였는지 몰라.

호랑가시나무

어느 날,
생각의 발길을 따라가다 보면
블랙홀 깊이 빨려 들어가는
내가 슬펐지

아직도 어긋난 생의 곁에
내 그리움 하나 마르지 않았음을
난, 그만 울고 싶었지

기억의 끝마다
돋은 상처의 가시들,
먼지 속에 묻힌 사랑
꽃 피운 흔적인데

고통이 구르고 굴러
몽돌이 되었는데

그 후미진 자리에 앉아
나, 점점 편안해지고

또 맨 몸 풀어 놓아
가시마다 햇빛 내려앉으면
꽃도 피우고
새도 불러 오고 그러는데

난, 그만 울고 싶었지.

매미

마른 육신에서 영혼이 떠나가네
뼈 사이사이로 지난 시간들이 휑하니 빠져 나가네
한때 내 몸에서 피워 냈던 기쁨의 소리들이여
한때 내 몸에서 흘러 나왔던 탄식들이여
쓸모없는 기억처럼
이루지 못한 희망도 보이네
저 만치 무책임한 절망도 굴러 가네
치열했던 생의 울음소리, 허공에 맹렬히 쏟아붓고
적막 위에 내려앉은 햇빛을 공손히 받아주네.

4

허공에 길을 묻다

며칠째 계속되는 부재음에 안절부절
못하다 마침내 그 곳을 빠져 나오려 한다
내 삶의 최후를 내려놓고 싶었던 곳
날마다 찾아오는 절망을 머리 감기며
거울 속 내 모습 무심히 보다가 문득,
끊어진 전선 가닥 사이로 또르르 신호를 보내 본다
전원을 꺼놓았군 시간이 얼마큼 삶을 성숙시키면
네 곁에 갈 수 있다는 희망이 나를 키웠지
평생 공중에 띄워 놓은 에드벌룬 이지만
속고 속이는 미로를 벗어나면 너의 심장에 가
닿아 따뜻한 물결소리 들을 줄 알었어
관습의 창이 발등에 내리 꽂힐 때까지
공중에 묶여있는 내 마음이 묻는군

당신, 허공에서 길을 찾을 수 있어?

봄

네 마음 열기 위해 몇 번이나 침묵의 실 감고 풀면서
바람이 울 때마다 엎드려 네 발자국 소리 듣고 있어.

무스 색깔로 또 다른 사랑을 꿈꾸며 찾아올까 묵정밭 같은 내 마음의 현에 빛 한 점씩 꾹꾹 눌러 푸른 줄기로 조율하고 있어.

추억에 대한 경멸은 하지 않기로 했어 땅 속에 엉겨있는 얼음조각을 뜯어내다 말고 알았어 나에게도 추억이 있어야 너를 기다리다 지쳐 주저앉는 일 없을 거라고.

너무 오래 기다리게 하지 마, 네가 건너 와야 하는 강과 벌판이 아무리 깊고 넓다 해도 필연으로 만나야 할 사랑임을
우리들은 알고 있기 때문이지.

바라다볼 틈 없이* 떠나가는
너지만 내 몸 안의 물관이란 물관 모두 열어놓고 맨 처음
너를 반갑게 안아 줄꺼야.

---

* 최영미의 선운사에서

사랑의 존재2

햇살이 여린 부리로 연두잎을 톡톡
밀어내는 봄날,
내 가슴 속속 연두로 물들고 싶다

언제나 눈이 젖어 있는 친구가
어린잎을 손바닥에 얹어놓고
사랑도 서로에게 물들이는 일이야, 한다

사랑은 부드럽고 뜨거운 손바닥에 고여
잠시 온 몸을 환하게 물들이고
한 여름 땡볕 같은 열망이 들끓다
부르튼 물집을 비집고
손가락 사이로 빠져 나간다

그렇게 간절했던 연두 물빛도
먹물 번지듯 풀어져

마침내 무채색 무늬에 불과한 것이라고
조용히 웃음을 물들이고 있는 연두 비늘들

나, 언제였던가
두 손에 연두 물들이고 슬펐던 때가.

길 위에서1

플로리다 맨 끝 섬 키웨스트
그 곳이 어디라고
먼 곳까지 달려가 이별의
방점을 찍으려 했을까

섬과 섬 사이
1번 국도 양쪽 청동 바다는
시퍼런 날 세워
바람의 깃 낚아채
뜨거운 아스팔트 길 위에 방목하고 있다

속도가 속도를 재촉하며
달려가야 하는 고속도로처럼
나도 그런 오만의 시간들을 달려 왔으리니
맨 처음 해가 뜨고 해가 지는
키웨스트 바닷가 언덕에 서서

내 삶의 반란을 몽땅 잠재울 수 있다면

불면의 곱고 붉던 사랑을 수장하려 하나니.

겨울바다

허물고,
허물고,
또 허물다
다시 쌓은 사랑이
파도의 포말에
맥없이 쓸려갔다

바람에
울던 바다는
제 옆구리 허연 뼈를 열어
주름 잡힌 그리움 스르르
쓰다듬고.

잿빛 하늘이
선홍빛 노을을
맨몸으로 감싸 안고

서서히 겨울 바다에 스며드는.

사랑의 존재3

가을비에
은행나무 가지들이 무거워진다

그 무게에 마음이 휘어지며
제 몸에 촘촘히 새겨 넣은
내밀한 언어들이 겸손해진다

사랑은 젖는 것이다

젖지 못해
그토록 절망하던 열망의 길에
가을비가 내린다

젖지 않은 마른 꿈의 알맹이들이
하늘의 품에서
부드럽게 젖어 가벼워지고 있다

가을이 더욱 깊어지기 전에
우주가 들려주는 G선상의 아리아에
은행나무 가지처럼 몸 굽혀
존재의 무거움 털어낸다.

증도에서 하루

마음이 먼저 길을 떠난다.

4월 벚꽃 한 다발 얹어 간 증도는 푸른
바다만큼 만발한 것들이 섬 아닌 섬
안에 갇혀있다. 갯벌의 칠게들도
꿈을 물고 갈 수 없는 길을 헤메고 있다.

갯벌 너머 끝에는 모래언덕이 있고
그 언덕을 건너 온 세월도 있다.
봄볕은 자꾸 얼굴을 파고들고
기미의 그림자는 갯벌처럼 깊다.

몇 번이나 마음 헹구고 섬 속의 산,
산 옆의 염전을 본다. 저기 저
소금밭은 눈밭처럼 하얗다. 갇힌
바닷물이 미처 증발되지 못한 생각들을

걷어내야 한다고,
그래야 한다고, 재촉하는
바닷바람 속에서
내 먹먹함도 짜디 짠 소금 알갱이가 된다.

바다는
어느새 만선의 하얀 깃발을 흔들고 있다

석양을
한 사발 들이킨 맘 속 뻘 밭도
얼큰하게 물들고 있다.

단풍나무 숲을 지나가다

오색단풍이 세상을 환하게 밝힙니다 단풍나무 아래서 안부를 전합니다
같이 가고자 했으나 그대를 마음에만 심고 혼자 걸어 갑니다 내 곁에서 항상 나무그늘 같았던 그대, 오랫동안 그리워 할 것입니다 먼 훗날 이 숲을 찾아와 발밑의 단풍잎 몇 개 주어 올리거든 찾아오시는 길 밝혀주고 싶어 온몸 물들이고 있었다는 것, 그것만이라도 기특하게 여겨 반갑게 안아 주세요 함께 걸어가려고 무진 애를 썼다는 것 하나만이라도 발목까지 드리워진 그늘 걷어내고 이 가을 단풍나무 숲을 빠져 나가겠습니다.

주소록 속에 잠긴 길

오래 전에 소식 끊긴 너의 이름을
클릭하면 마음이 먼저
어둠 속에 잠긴 길을 활짝 연다

소통이 끊긴
오래된 문장 속 검은 활자들이
잘못 된 길 숨어들었다고
빠져 나갈 수 없는 나선형 길을
꽉 움켜쥐고 있는 동안
커서는 허리를 굽혀
멀리 나아가는 것, 잠시 머무는 것,
길 아닌 길 돌아 나오는 시행착오에
백지 위 숨은 그림들 일제히 튀어 나온다

주소록 속 고립 된 시간들이
우리들의 어제를 하나씩 지우고 있다.

겨울소묘

졸고 있는 고양이처럼 반쯤 눈을 감고
며칠째 눈이 쏟아 붓고 있는 창밖을 보고 있다
두꺼운 커튼이 창마다 침침한 눈을
비비며 달라붙어 있고
낡은 전화 위에는
무거운 침묵이 겨울을 올려놓고 있다

금속날개처럼 차갑고 부셨던 내 젊은 날들은
너무 멀리 가버리고
겨울나무들은
하늘에 차디찬 가지들을 걸쳐놓고 있다

아, 밭은 입김 쏟으며
산 넘어 대숲 아래 양지쪽
갈 수 없는 그곳
끝끝내 가고 싶다

눈을 받는다
힘없는 희망의 조각들이 얼었다 녹으며
땅 속 뿌리들의 깊은 침묵을 깨워
겨울이마를 훑어 내고 있다

부질없는 바람이
은빛 들판 위로 우르르 휩쓸려갔다.

물수제비

먼 바다,
너에게 가 닿고 싶은
가장 낮은 나의 포복이
너에게는
참을 수 없는 상처였니?

마침내,
처음과 끝
허공의 솟대에 묶어 놓은 깃발 풀어놓고

너는 누구의 마음 속에
한 때 물수제비 띄웠었니?

5

오리떼의 경전

오리 떼들 바다로 소풍 나왔다 한 나절,
물너울 위에서 흠씬 놀다
경계를 이탈한 오리들,
물렛살에 휘감겨 가는 길 잃었다
길 잃은 오리들이
허공의 무한 공간 속으로
도솔천 경전을 소리 높여 들어 올린다

허공은
시치미 떼며
골똘이 귀 기우려 듣고 있다.

이별, 그 후……

그를 보내고 나는 더 이상
허공에 떠 있는 구름을 나꿔채려 하지 않는다
창밖의 흔들리는 나뭇잎 소리
창을 두드리는 히드클리프도 기다리지 않는다

침묵에 익숙해진다
어둠의 심지를 조금 올리면
기억의 망루 위에 하얀 파꽃
피어 있다

때도 없이
몰려오던 격정과 얼었다 녹기를
반복하던 애증의 날들은
한 점 빛으로 삶의 협곡을 비추고
긴 휴식에 들어갔다

바람이 분다
바람에 무심히 떠밀려 온
그대 안부가 아기 머리 위
모빌처럼 내 마음속
너의 풍경을
아주 잠깐 흔들고 지나갔다.

쓸쓸한 아름다움

산길을 오른다

걸음 옮길 때마다
나직하게 들려오는
나무뿌리들의 숨 고르는 소리 듣는다

늦가을 햇빛 속에
한번쯤 다녀갔을 떠돌이 바람은 지금,
어디 변방에서
그렇게 푸르고 단단했던 절정의 순간들을
흔들어 털어 내고 있을까

파편처럼 흩어진 상처 입은 삶이었지만
아름다웠던 날들이었다고
떨어져 나간 나뭇잎들이 몸 한 자락
들썩이다 잠잠해진다

쓸쓸함이 익으면 소란스럽던 산길도
이내 침묵 속에 잠긴다

짧은 해 지기 무섭게
산이 마음을 닫는다.

대부도에서

그리움이 뻘처럼 빠져드는 날
대부도에 간다

바다로 빠져나가지 못한
상심의 조개껍질들이
바다가 놓친 밀어들을 깊이 껴안고 있다

바닷길을 따라가다 잠시,
바다의 상처를 본다
한때 수줍은 처녀였을 대부도는
세상 풍진을 털어내지 못해
더 이상 바다로 나가지 못하고
시멘트에 붙박여 바다가 흔드는
하얀 미소에도 꿈쩍 않고 있다

사람들은 그 속에서 흐르지 못하고 썩은

사랑의 껍질을 캐내고
대부도는 놓아버릴 수없는 바다를
밀물로 끌어 모아 턱밑까지 차오른다.

상처는 그냥 상처가 아니다

오래 된 감나무가 시름시름 앓더니
튼튼했던 가지 하나 허공에 걸쳐 놓았다

수액을 길어 올리던
그의 팔은 햇빛에 잘 말려 작은
생명들의 따뜻한 집이 되었다

불개미들의 안식처가 된
죽은 감나무 가지는 시간의 빛을 쪼아
작은 벌레들의 길을
묵묵히 열어 주고 있었다

넌출처럼 뻗어나가는 시간 속으로
낮과 밤이 다녀가고
바람도 잠시 머물다 가기도 하더니
어느 날 어린 손이 뻗어 나와

오그라들고 말라 버린 뒤틀린 상처자리를
어루만져주고 있다

올해는,
몇 개의 감을 매달은 짱짱한
감나무 팔이 되어있다
굵고 매끄러운.

여름나기

감출 것이 많은 나무들이 여름이면 넓고 푸른 그늘을 밤낮없이 짠다 속도을 늦추고자 했으나 이파리마다 막무가내로 아우성이다

빛의 함성을 몸 가득 채우고 숨가피 달려가는 자귀나무 꽃잎들 상처 없는 생은 저처럼 환하게 세상에 들어 올릴 수 있는지 오만한 꽃잎들 쳐다보며 생각에 잠겨보지만 걷히지 않는 환청처럼 진저리치는 초록의 비명이 흥건하다

뜨겁고 아픈 날들이 속절없이 머물다 떠나간다

두둑둑 떨어지기 시작하는 빗방울들의 자진모리에 서서히 모여드는 산 개울 불면의 베틀소리 잠 재운다

나무들도 일제히 하루의 노동을 내려 놓는다.

새의 선물
－시간

시간의 부리에 찍힌 날것들의 생이
사랑의 문장처럼 눈부신 오후입니다

어느날, 햇빛들이 모여
떠들고 있는 한낮 운동장을
바라보고 있었는데
짙은 그늘을 쏟아 붓던 나뭇잎들이
푸른 허공을 흔들자 부드러워진 햇살들
바람 물고 있는 그 사이,

바람은 문득
그늘을 빠져나와
초록 눈물 말갛게 말리고 있네요

물방울 속에서
쉼표를 찍고 있는 새의 부리가
붉게 물드는 오후입니다.

씻김 굿

완고한 관습은
당겨진 활처럼 팽팽하다

존재하는 것들이
공기처럼 아주 가볍게
시간과 공간의 문지방을 넘어
생의 점화점에 가 박힐 활촉처럼

시퍼렇게 날 선 작두를 탄다

긴장없이,
위험없이,
시련없이
삶의 허물을 벗는 통과의례는 없다

텅 빈 하늘이거나

경계선 없는 바다에서
침묵의 언어를 건져 올리는
삶의 춤사위.

길 위에서 2

플로리다 고속도로를 200킬로 달리고 있다
6월의 태양은 제 열정을 어쩌지 못해
몰려 왔다 몰려가는 희망과 절망을
뜨거운 아스팔트위로 내 던진다
바다가 시퍼렇게 눈 흘긴다

9시간의 갇힌 마음 심란하여
액셀만 깊숙이 밟는다
저 멀리 고속도로 끝이 보이는 것 같아
속도에 설레임 얹혀 달려가지만 길은,
저만큼 뒷걸음치며 오만하게 손짓하고 있다

일사천리 질주만 허용하는 고속도로 위에서
달리는 것만이 능사가 아닌 듯하여
속도를 줄인다
어깨의 힘도 내려놓고 창밖으로

스쳐 지나가는 바다풍경을 바라본다

속도를 줄인 길은 편안하다
닿을 수 없어서 더욱 눈부시게 빛났던
고속도로 위로 플로리다 석양이 조용히
내려앉고 있다.

직선의 시간들

여름의 뒷모습이 점점 수척해 보인다
염천의 심장을 파헤치던 직선의 시간이 마침내
곡선의 문장을 읽은 듯
팔의 힘줄을 훑어내고 있다.

담양의 죽림원 대숲에 가보면
빳빳한 마음들이 몸을 세워 하늘을 찌르다간
푸른 핏물에 젖어 멈추어 선
왕대마디들의 함성이 시퍼렇고 깊다.

곧게 뻗어오른 내 생의 마디들
아직도 살아서 중력의 하늘을 밀어내지만

직선의 시간들
대나무 끝에서 몸 굽혀 인사를 하고.

목련일기

소복 입은 목련가지에
한 세월 끌어안고 온
몸 안의 어린 소름들이
입 부르트도록 노래하더니

노래하는 꽃에게도
시나브로 찾아오는
꽃샘바람에 오만의 꽃자리
툭툭 털어내고 있는 그 사이,

누구일까
꽃 진 자리에 다시 넓고 푸른 지문을
꾹꾹 눌러 찍고 있는 이는.

사랑의 존재

가슴에 붉은 울음 묻고
호명하지 못한 세상 밖으로
날아가 버린 작은 새

사랑은
오색 단풍처럼
밤 하늘 별처럼
아프고
환해서

몸 속으로
깊이깊이 숨어들어
이제는,
꺼내 볼 수없는 그리움의 뼈,

■ 해설

생명의 근원인 자연에 바치는 헌사

호병탁
(시인 · 문학평론가)

1

이 지역 문단식구들과 함께 정을 나눈 세월이 그럭저럭 20년 가까이 된다. 그런데 이 글을 쓰기 전까지는 김재란 시인과 한 번도 만난 일이 없다. 듣기로는 시력이 상당한 걸로 아는데 그 많은 행사와 여러 모임에서 인사 한 번 없이 지냈다는 것이 오히려 이상한 감이 든다. 이 말은 내가 아직도 문인들과의 교류가 부족하다는 것을 의미하기도 하지만 한편으로는 시인이 바깥출입은 삼가고 조용히 글만 쓰고 있었다는 말이 되기도 한다.

그렇다. 정녕 시인은 늦가을 국화꽃처럼 '머언 먼 젊음의 뒤안길에서 인제는 돌아와 거울 앞에선 누님'처럼 나타났다. 사랑의 애틋함과 설렘에 남몰래 애타던 시절을 다 보내고, 그러나 아직도 거울 앞에 설 수 있는 그윽한 아름다움으로, 조용히 곱게 핀 시편들을 들고 나타났다. 이것이 내가 시인을 처음 만났을 때의 느낌이다.

2

이 느낌 그대로 시인의 시편들은 가을 국화처럼 맑고 투명하다.

> 가맛골 용추사 비 그친 마당
> 꺾인 잡풀사이 한 송이 고운 꽃
> 왜 거기 피었는지 이름 몰라 더 적적한데
>
> 깊은 계곡 막장의 산은
> 저만 혼자 붉어지다 붉어지다 그만,
> 슬퍼지다 슬퍼지다 그만,
> 잡았던 단풍자루 몽땅 풀어놓고
>
> 비 개인 가을 한나절

마지막 부싯돌 긋는
햇빛 몇 조각

—「가맛골 풍경」 전문

첫째 연은 가을비가 그친 산사의 풍경을 수채화처럼 그리고 있다. 짧은 3행으로 구성된 이 연은 단 한 구절 "적적한데"라는 시인의 심경 표출 외에는 그저 담담하게 주위 풍경만을 사생하고 있다. 그러나 이 그림 속에 담긴 함의는 깊다.

용추사 마당 한편, 잡풀 사이에 이름 모를 꽃이 혼자 곱게 피어있다. 매연이 가득한 도심의 하늘도 비 한 줄기 지나가면 놀랍도록 맑아지는데 하물며 비 그친 산 속은 얼마나 청량하랴. 시인은 바로 이런 용추사의 뜰에, 그것도 한 송이 꽃에 자신의 마음을 내려놓고자 한다. 그런데 그 꽃은 잡풀 사이에 홀로 피어있다. 따라서 그 꽃은 더 고고하다. 우리는 잡풀 앞의 "꺾인"이라는 수식어를 주목하게 된다. 풀의 줄기가 휘어 부러진 상태의 "꺾인"풀은 더 이상의 성장을 기대할 수 없다. 이는 조락의 계절 '가을'의 쓸쓸함을 더 짙게 하는 역할을 하기도 하지만 상대적으로 고운 꽃을 더 돋보이게 하는 대비적 기능을 가지기도 한다. 그러나 한 송이 꽃은 하나이기 때문에 적적하다. 더구나 이름도 모른다. 왜 거기 애써 혼자 피어있는가. 지극함으로 애써 쓴 시, 그러나 세상에 알려지지 않은 시. 왜 혼자 외롭게 이름 없는 시를 쓰는가. 더 적적하다. 시인의 심경이 가을비에 꺾인 시든 잡풀 사이의 한 송이 꽃에 드리워지고, 그 심경은 사위어가는 주위 풍경의 사생과 함께 '물에 비친 달'처럼 갈무리되고 있다.

2연에서도 풍경의 사생은 이어진다. 시인의 풍경은 당위적 세계로서의 '원래 풍경' 그 자체이다. 따라서 이 세계에는 인간이 없다. 아니 인간이 낄 자리조차 없다. 비 개인 날 단풍만이 물들고 있는 맑은 가을 산에는 다만 시인의 순정한 정신만이 깃들 뿐이다. 인간이 등장하지 않는 이 청정한 자연에서 단풍 또한 자신만이 혼자 붉게 타오른다.

시인은 이런 풍경을 통하여 자연세계와 인간세계를 대립적으로 구분하는 근대적 사유를 극복하고자한다. 설령 인간이 자연풍경 속으로 걸어가더라도 그 인간마저 풍경으로 녹아들어 자연의 일부가 되어야한다. 그리하여 섬세한 언어로 묘사하는 풍경 속에는 이제 관찰자로서의 시인의 시선이 포함된다. 그것은 "저만 혼자 붉어지"는 단풍을 의인화하여 "슬퍼지다 슬퍼지다 그만,"이라고 말하는 화자의 시선에서 표출되는데 결국은 "단풍자루를 몽땅 풀어

놓고"라며 자연을 자신의 감성적 인식소를 통해 인간적 대상으로 바꿔놓게 된다. 사실 풍경은 그것을 '바라보는 사람'을 전제함으로 성립되는 개념이 아닌가. 시인은 이 연에서 최소한 자연을 정복의 대상으로 인식하는 현대적 인간중심주의를 극복하고 더 나아가 인간이 자연과 등가를 이루는, 자연의 일부라는 사유로 그 지평을 확장하고 있다.

3연의 마무리는 가을 국화처럼 깔끔하다. 시각적 심상이 명징하고 선명하다. 비 그친 하늘에 비치는 가을의 사위어가는 태양은 뜨겁고 눈부신 여름 것과는 다를 수밖에 없다. 풀잎이 시들고, 낙엽이 지는 조락의 가을계곡에 떨어지는 태양은 수억의 햇빛화살이 아니다. 단 "몇 조각"이다. 그것도 '부싯돌' 반짝이는 것처럼.

3

아무래도 김재란 시인의 미학적 전략은 투명하고 섬세한 감각적 이미지의 창출인 것 같다. 시에 있어 언어의 사용은 그 자체가 의미하고 약속한 보편적 방편에 있지 아니하고 자유롭고 광범위한 연상과 이미지를 수반하게 되어 독자에게 특별한 공감을 만들려 한다. 물론 시가 예술

로서 존재하는 까닭도 이러한 시적 기교의 무한성과 다양성에 기인한다. 감각적 이미지는 일단 시인의 마음에 여과되어 하나의 격을 형성한 상태로서 작품의 성패를 가름할 정도이기 때문에 시인의 이에 대한 관심은 대단할 수밖에 없다. 우리는 「가맛골 풍경」에서 선명한 시각적 심상을 보았다. 이번에는 시인의 귀에 포착되는 소리를 함께 들어보자.

먼 산 봄의 쑥국새 울음소리.

양철지붕을 뚜드리는 여름밤 장맛비소리.

소슬한 가을바람에 뒤란 댓잎 쏴 휘는 소리.

문 밖 서성이며 추위에 문고리 흔드는 겨울 바람소리.

바다 갈비 뼈 사이로 달빛문장 새겨 넣고 있는 파도소리.

한 밤중 잠들지 못하고 우주가 밤의 발자국 찍는 소리.

—「불면의 소리」 전문

위의 시에도 인간이 만들어내는 인위적인 소리는 없다.

자연이 만들어 내는 소리들뿐이다. 한 연이 한 행으로 처리된 여섯 행의 이 짤막한 시는 앞에 수식어를 가지고 있는 '소리'라는 명사로만 구성되어있는 독특한 시다. 일반적으로 모든 문장은 명사나 명사구로 된 주어가 앞에 나오고 '어찌하여', '어떻게' 등 그 주어를 설명하는 동사 그리고 목적어 혹은 보어가 뒤 따르는 형식(물론 도치법도 있지만 그것은 어디까지나 순서만 바꾼 것이지 문장의 구성요소는 다 가지고 있다)으로 되어 있다. 김재란 시인은 이 일반적인 문장구성 관습을 깨뜨린다. 즉, 시제인 '불면의 소리'의 종류만 나열하고 있을 뿐이다. 단순한 이런 저런 '소리'의 나열이 독자의 눈에 '새롭게 하기' 또는 '낯설게 하기'의 효과를 가져 온다면 이 시는 그 목적을 충분히 달성한 셈이다.

시인은 위의 시에서 사계절의 소리를 아주 감각적으로 그려내고 있다. 봄밤의 "쑥국새 울음소리"는 우리를 임 그리며 뒤척거리게 한다. 또한 여름밤 빗소리, 가을 뒤란의 댓잎 서걱대는 소리, 문고리 흔드는 겨울 바람소리는 우리를 잠 못 들게 하며, 길고 긴 편지를 쓰거나 어딘가 불현듯 떠나고 싶게 만든다. 그런데 시인은 이런 사계의 서정적 소리에 이어 다섯 번째 행에서 모든 계절을 아우르는 특별한 밤바다의 파도소리를 견인한다. 그 파도는 "바다 갈비 뼈 사이로 달빛문장 새겨 넣고" 있는 파도다. 대단한 비유다. 물결과 물결 사이는 시인에게 '갈비뼈 사이'로 비유된다. 바다 위에 달이 떠있는 밤이어서 물결사이에 부서지는 달빛은 '문장을 새겨 넣고' 있는 것 같다.

비유는 이미지를 구체화하고 형상화할 뿐 아니라 다양한 방식을 수용할 수 있음으로 시인에게 대단히 중요한 미학적 장치다. 다양한 방식을 수용할 뿐 아니라 그것을 여과하고 정제하여 다시 투영시키기 때문에 그 힘은 강력하다. 이는 시인에게 부여된 특권이다. 일반적으로 글쓰기 표현에 있어 과장되거나 지나침을 삼가는 김재란 시인은 이 행에서 이런 특별한 비유를 사용함으로서 시에 생명력을 주는 동시에 독자에게 큰 놀라움과 쾌감을 선사하고 있는 것이다.

이 시의 제목은 「불면의 소리」다. 즉 밤중에 사람을 잠 못 들게 하는 '소리'다. 시인의 귀에는 이 소리가 "우주가 밤의 발자국 찍는 소리"로 들린다. 시인의 사유는 비약된다. 그렇다. 우리는 보이고 들리는 것만이 세계의 본질인 줄 알고 있다. 그러나 그것은 일부에 불과하다. 보이고 들리는 것이 삼 할이라면 그렇지 않는 것이 칠 할이다. 사람들이 삼 할에 초점을 맞추고 있지만 시인은 그렇지 않은 것에 초점을 맞추려한다. 이 세상은 대자연이 만들어내는 소리로 가득 차 있다. 시인은 그곳에 주파수를 맞추고 사람이 듣지 못하는 소리를 인간의 노래로 바꾸는 작업, 즉 시 쓰기를 통해 그 소리를 우리에게 들려주고자 한다. 새소리, 빗소리, 바람소리는 우리도 체험을 통해 안다. 그러나 '달빛문장'을 물결에 새기는 파도소리를 우리 중 몇이나 들었겠는가. 시인은 사계를 통해 들리는 자연의 모든 소리를 함께 포용한다. 그 모든 소리가 바로 '우주의 발자국 소리'에 다름 아닌 것이다.

4

하루 종일 바람만 일 없이 들락거리는

마당의 잡초들 물끄러미 안쪽을 들여다보는

집 모퉁이 대추나무 까치발 들고 먼 길 내려다보는

하루해가 저 혼자 들렀다 떠나는

허리 꺾인 사립문 해종일 저 혼자 열었다 닫히는.

—「빈 집」 전문

위 시는 앞의 시와는 정반대로, 시 제목, 「빈집」이라는 명사 하나만을 모든 시행들이 수식하고 있는 또 다른 특이한 형식을 취하고 있다. 마지막 연 끝에 마침표를 찍은 것으로 보아 이 시는 전체가 하나의 수식구로 형성되었다고 볼 수 있다. 우리는 가끔 '…하는' 이라는 수식구로 끝나는 시를 본다. 긴 여운을 남겨 독자가 시에 오래 머무르게 하는 효과와 함께 미학적 측면에서도 '…하다'라는 단정적 결론보다 훨씬 큰 효과를 기할 수 있다.(물론 시 전체의 문맥과 잘 조화를 이루어야 한다는 전제가 따른다.) 이 시는 마지막 문장뿐 아니라 매 연이 모두 수식구로만 산뜻하게 마무리되고 있다. 읽기에는 쉽게 보이지만 실상 이런 시를 쓰기는 쉬운 일이 아니다.

이 시는 이번 시집 중의 대표작의 하나로 자리매김 될 수 있을 것 같다. 그만큼 아름다운 서정으로 가슴을 흔드는 작품이다. 시의 구성은 연마다 서로 병치와 대조를 이루며 '빈집'의 고적함과 고요를 극대화하고 있다. 사람은 이 시에서도 없다. 시제가 사람 살지 않는 「빈집」이니 그럴 수밖에 없으려니 해보지만 아무래도 시인은 의도적으로 자신의 풍경에 인간들을 배제하는 것 같다.

사람 없는 '빈집'을 들여다보자. 3연까지 빈집의 쓸쓸한 모습이 감각적으로 사생되고 있다. 그곳은 '바람만 들락거리는' 곳이고, '마당의 잡초들'이 '안쪽을 들여다보는' 곳이자 '집 모퉁이 대추나무'가 '먼 길 내려다보는' 곳이다. 이런 정경만으로도 고적한 빈집의 모습은 선연히 우리 눈에 다가온다. 그러나 시인이 견인하여 수식하고 있는 심미적 동사구 혹은 부사어를 보라. 바람은 "일 없이" 들락거린다. 잡초들은 "물끄러미" 안쪽을 들어다 본다. 대추나무는 "까치발 들고" 먼 길 내려다본다. 사물을 의인화하여 생명력을 불어 넣은 이런 수식어들은 시에 생동감을 주고 문장의 결에 반짝임을 더한다. 특히 3연의 "까치발 들고"라는 수식은 하염없는 그리움과 진한 외로움을, 가슴 뭉클하게 우리에게 전해주는 눈부신 이미지로의 역할을 다 한다. 예민한 언어의 촉수가 뻗을 때까지 뻗어 포착한 이 수식어는 우리에게도 집 모퉁이의 대추나무처럼 "까치발 들고" 집 밖의 먼 길을 함께 바라보게 하고 있는 것이다.

이 시의 백미는 마지막 두 연이다. '빈집'에 들렀다 가는 하루해와, 열렸다 닫히는 '사립문'은 "저 혼자" 그런 행위를 반복한다. 이 두 연에는 '빈집'을 바라보는 시인의 정서가 담뿍 얹혀있다. "저 혼자 들렀다 떠나는" 해와, "저 혼자 열었다 닫히는" 사립문의 병치는 운율의 조화를 배가시키는 것은 물론 외로운 빈집의 정적을 극대화시키는 절묘한 대구(對句)가 되고 있다. 우리는 또한 이 집이 '빈

집'이 된 사연, 이 집을 떠나야만 했던 한 가족의 신산한 삶과 슬픔의 이미지가 시 행간에 시인의 연민으로 깊이 온축되어 있음을 함께 느끼게 된다.

자연은 거세게 몰아치는 태풍처럼 때로는 우리에게 두려움을 주는 존재이기도 하지만 언제나 변함없는 그 스스로의 아름다움과 그 이법을 통해 새로운 깨우침을 준다. 그러나 인간의 이욕으로 인한 자연의 인공적 파괴는 가속화되고 그 순수성은 훼손되고 있다. 이런 끝자락에 김재란의 '빈집'도 있다. 일 없이 바람만 들락거리는 빈집이다. 시인은 이런 것이 안타깝다.

물론 자연은 그대로 존재하지만 시대에 따라 자연을 대하는 인간의 태도는 변화되어 왔다. 고대에는 자연은 거룩한 것이어서 언제나 경배의 대상이 되었다. 그러나 현대에 와서 그것은 인간 삶의 질을 향상시키기 위한 정복의 대상에 불과하다. 물론 아직도 자연은 아름다운 존재로 인간에게 자리 잡고 있지만 그 성격은 바뀌어 인간이 완상하고 휴식하는 향유의 대상으로 존재하고 있다. 시인은 자연의 질서에서 깨우침을 얻고, 풍광이 내 뿜는 아름다움에서 큰 감동을 느끼고 그 깨우침과 감동을 시로 노래할 수밖에 없는 사람이다. 어느 철학자가 언어는 존재의 숙소라고 말했지만 시인에게 자연은 영혼의 숙소가 된다. 이미 자연의 일부가 된 시인의 영혼은 자연 없는 시를 쓸 수 없다. 영혼이 깃들지 않은 시가 어떻게 독자의 가슴에 감동으로 다가 올 것인가.

시인의 이런 사고는 다른 여러 시편에서도 속속 발견된다. 시적 대상인 모든 자연은 의인화되어 생명력을 꿈틀댄다. 시인이 찾아간 섬의 뻘이라고 예외는 아니다. "석양을/ 한 사발 들이 킨 맘 속 뻘 밭도/ 얼큰하게 물들고 있다."(「증도에서의 하루」) 시인이 보는 겨울바람은 '부질없이', "은빛 들판 위로 우르르 휩쓸려" 가는 바람이다.(「겨울소묘」) 또한 시인이 외국에서 보는 바다도 그냥 푸른 바다가 아니다. "시퍼렇게 눈 흘"기는 바다다.(「길 위에서 2」)

시인은 결국 인간과 자연이 하나였음을 주장한다.

어쩌면 우린,
그리움처럼 바람처럼 떠돌다
어느 외진 모롱이에서
구겨진 생의 주름 우레로 펴는
구름과 바람이었는지 몰라

어쩌면 우린,
긴 기다림에 진물 흘리던 화상
화석으로 남아

고단한 사랑 목 메이는
늦가을 은행나무였는지 몰라

—「동반자」 부분

동물은 물론 식물도 감정을 가지고 반응한다는 것에 대한 실험결과가 있다. 전기저항을 측정하는 탐지기를 사용하여 고무나무에 여러 실험을 했지만 반응은 없었다. 그러나 성냥불로 잎을 태워보기로 한 순간 탐지기의 기록침이 큰 파동을 일으켰다고 한다. 나도 이를 믿고 집에 있는 난초와 오래 소통을 시도한 결과 결국 난초 잎을 흔들리게 한 일이 있다. 둘이만 있을 때는 내가 원하면 바로 잎을 흔들어 주었다.(그런데 다른 사람을 데려가면 나의 과시욕을 비웃기라도 하는 듯 꼼짝도 하지 않았다.) 어느 소설가가 이 얘기를 듣고 소설을 썼는데 나를 알코올중독으로 완전히 광기에 빠진 사람으로 묘사하여 쓴 웃음을 짓고 말았다. 그러나 나는 다른 사람이 미친놈이라고 해도 커다란 나무에서부터 곰팡이에 이르기까지 모든 존재는 다른 존재에게 신호를 보내고 대화를 한다는 사실을 굳게 믿고 있다.

김재란 시인은 나와 관점은 약간 다를지 모르지만, 자연의 모든 존재와 인간이 소통의 차원을 넘어 하나였을 것이라는 사실을 잘 인지하고 있다. 일종의 윤회사상이라고도 할 수 있을 것이다. 시인은 우리가 "구겨진 생의 주름"을 "우레로 펴는" "구름과 바람이었는지" 모른다고, 또한 "고단한 사랑"에 "목 메이"던 "늦가을 은행나무"였을지 모른다고 우리가 자연과 하나였음을 이 시에서 아름답게 노래하고 있다.

5

시인은 마침내 자신의 시가 자연 그 자체로부터 스스로 발화되고 있음을 고백한다. 비가, 별이, 조그만 미물 자벌레 한 마리까지 시인의 시작(詩作) 자체로 승화하는 것이다.

소문 없이 스며들어
열꽃 피워대던 갈증

굽이마다
부풀어 오른 물집 속
내 것 되지 못한 물방울들이
몸 밖으로 빠져 나오려
겹겹 비가 내린다

봄 여름 지나
뼈마디 다 녹아
불구 된 자벌레 한 마리,
푸른 문장들 이끌고 기어간다.

—「푸른 문장」 전문

시인은 자신의 시 쓰기가 "열꽃 피워대던 갈증"이었음을 고백한다. 시에 대한 열정은 세상을 향해 끊임없이 뻗어간다. 시인은 열정만 가득한 자신의 시를 '내 것이 되지 못한 물방울들'이었다고 겸손히 말한다. 그러나 그 시가 세상에 나오도록 하는 것은 '겹겹이 내리는 비'다. 여기서 '갈증'과 '물방울'과 '비'는 다 '물'과 관계가 있다. 작은 물이나 큰물이나 물은 물이다. 이슬도 물이요, 강도 물이요, 바다도 물이다. 결국 '비'는 '물집' 속의 '물방울'을 밖으로 꺼내주어 세상으로 흐르게 하는 역할을 하고 있는 것이다.

두 번째 연에서 시인은 자신의 결정적인 시작법을 소개하고 있다. 즉, 자신의 시는 "자벌레 한 마리"가 그것도 "불구 된 자벌레"가 꿈틀꿈틀 기어간 자리라고 겸양을 보인다. 그것은 푸른 자벌레가 남긴 "푸른 문장"이 된다. 이것이 대략적인 이 연의 독해가 되겠지만 시인이 이 부분을 어떻게 표현하고 있는지 눈여겨 볼 필요가 있다. 시인은 분명히 "자벌레 한 마리,/ 푸른 문장들 이끌고 기어간다."고 말하고 있다. '끌려' 가는 게 아니라 '이끌고' 간다. 이것은 피동적이 아닌 능동적인 행위다. 결국 시인은 자신의 시는 자연의 가장 작은 일부, 미물에 불과한 자벌레가 쓰고 있다고 말하고 있는 것이다.

여기에는 깊은 함의가 담겨 있다. 자신의 시를 폄하하는 것 같은 발언이지만, 그러나 자신의 시는 자연으로부터 비롯된 것이라는, 최소한 '생명의 근원'인 '자연에 바치는'는 노래라는 강한 자부심이 담겨 있다. 이성선 시인은 자벌레를 '우주 안 작은 파도'로 노래한 바 있다. 그렇다. 작고 보잘 것 없는 몸으로 '구부렸다 폈다' 기어가지만 '구부릴 때'는 '산'이 되고 '펼 때는' 들이 된다. '대지의 끝에서 끝으로' 지구 위를 기어가는 것이다.

시인은 시집의 다른 시에서도 이미 조그만 벌레의 우주적 존재를 노래하고 있다. "햇살을 물고 있던 벌레들"이 "나무 그늘을 찾아", "더듬이를 길게 뻗는" 것이 시인의 눈에는 바로 "지금,/ 우주의 심장에는 생의 순환이 한창"인 것으로 보인다.(「매화그늘에서」)

'푸른 별'이라는 또 다른 대자연의 하나도 시인의 시작을 거들고 있다. 시인의 시 쓰기는 그야말로 잠 못 드는 '불면'

의 연속이었다. 그러나 시인은 "그 많은 별들/ 허공 뒤편까지 달려가", "불면의 침묵 걷어내고"(「옛집에서 2」) 여전히 반짝이기를 바란다. 그 별은 바로 '어둠을 여는' 별이다.

나도 시를 쓰는 사람이다. 고향의 구비치는 강물과 순박한 그곳 사람들의 이야기를 노래하고자 하는 사람이다. 그러나 이 시를 읽으며 내 시 쓰기를 돌아다보게 된다. 이처럼 치열한 고뇌와 간절함이 내 시에 있었던가. 세상에 얼굴을 내밀지 않고 지극한 마음으로 혼자 '불면'의 밤을 지새우며 그 '아득했던 많은 별들'의 반짝임을 몇 번이나 지켜보았던가. 우리에게 성찰의 기회를 주는 이런 시가 흔치않음도 사실이다.

6

시집의 제목 『낮은 음자리로』를 찾아본다. 그리고 이는 시제에서 온 것이 아니고 시행의 일부에서 비롯된 것임을 알게 된다.

> 옛집의 기둥에는 유년의 방점들이 고스란히 찍혀 있다
> 내 생의 음절들도
> 무채색의 낮은 음자리로

옛집 마당에 부드럽게 펼쳐 놓고 있다

―「옛집에서 2」 부분

시인은 이처럼 '낮고' '부드럽고' '순한' 목소리로 '생명의 근원인 자연에 바치는 헌사'를 노래하려한다. 이런 목소리는 울긋불긋한 화려한 유채색의 목소리가 아니다. 시인은 백색과 흑색 그리고 그 사이 영원한 회색의 '무채색' 같이 진솔하고 소박한 목소리로 노래하고자 하는 것이다.

또 다른 시에서도 '낮은 음자리'가 눈에 띈다.

며칠째 내리던 폭설이 잠시 주춤하던 날 창 밖 눈 쌓인 산천을 스치며 그대 슬픔을 찾아 갑니다 화성 서쪽 한 발 한 발 걸어가고 있는 길은 아버지에게 죽임을 당하던 그날의 슬픔과 분노가 높이 솟은 적송들에 새겨져 아직도 푸르게 겨울바람을 후려치고 있습니다 죽음을 방목했던 사람들도 지금은 곁에서 상처를 어루만져 주고 있는지요 살아서도 쓸쓸했던 처소처럼 여기저기 쌓인 눈 위에 마른 기침같은 무상함만이 말없이 햇빛에 반짝이고 있습니다 활짝 펼쳐 보이지 못한 생애를 꺾어 버린 광기의 바람을 그곳에서 조용히 잠재우고 있는지요

지나가는 것 아무 것도 없다는 듯 투명한 겨울하늘이 낮은 음자리표를 긋고 있습니다.

―「융릉 가는길」 전문

눈 쌓인 겨울, 슬프게 죽어간 사도세자의 능을 참배하고 그에게 이런저런 안부를 묻는 형식의 두 연으로 된 좋은 시다. 아버지에게 죽임을 당한 기막힌 슬픔과 분노도 '적송(赤松)'에 겨울바람만 부는 지금, 아득한 과거의 '무상'한 얘기로 돌아가고 말았다. 인간의 기구한 삶과 그것이 만들어가는 역사의 허무와 무상, 심지어 그 슬픈 일이 일어났던 날, "죽음을 방목했던 사람들도 지금은 곁에서 상처를 어루만져 주고 있는지" 시인은 사자에게 나직나직 '낮은 음자리'로 속삭여 묻고 있다. 시인은 어차피 '높은 음자리'와는 거리가 있어 보인다. 서두에서 말한 것처럼 늦가을 곱게 핀 국화꽃처럼 조용히 나타난 사람이기 때문이다.

이 시집에는 병상의 어머니를 안타까워하는 애절한 사모곡(思母曲)들이 있고 해외여행에서의 소회를 담은 시편들도 산견된다. 외에도 국화처럼 정갈하고 순정한 모든 시편들을 다루지 못해 아쉽다. 그러나 시인이 보여준 자연에 대한 헌사만으로도 이 시집은 충분히 그 값을 다하고 있다고 생각한다.

한 시집에 좋은 시 몇 편만 건져도 성공적이라는 말이 있다. 나도 그런 말에 어느 정도 동의한다. 그러나 나는 시인에게 우정 어린 욕심을 더 부리고 싶다. 그것은 앞으로도 한결같은 수준과 시풍을 더 착실하게 견지해주었으면 하는 바람이다. 그리하여 수준 고른 작품과 주체적인 음성을 확립함으로써, 자신의 이야기가 바로 만인의 이야기가 될 수 있는 보편성을 획득하고, 나아가 삶과 시의 조화로운 통합에 성공하고 있는 모습을 세상에 당당히 보여주기를 바라는 것이다.

김재란 시집
낮은 음자리로

인　쇄　2011년 12월 23일
발　행　2011년 12월 30일

지 은 이　김 재 란
발 행 인　서 정 환
발 행 처　신아출판사

출판등록　1984년 8월 17일 28호
주　소　전주시 완산구 태평동 251-30
전　화　(063) 275-4000, 252-5633
팩　스　(063) 274-3131
메　일　sina321@hanmail.net
값 8,000원

ISBN 978-89-5925-970-0　03810

※ 이 책의 제작비 일부는 전라북도 문예진흥기금의 지원을 받았습니다.